BEI GRIN MACHT SICH IHR WISSEN BEZAHLT

Bibliografische Information der Deutschen Nationalbibliothek:

Die Deutsche Bibliothek verzeichnet diese Publikation in der Deutschen National-
bibliografie; detaillierte bibliografische Daten sind im Internet über http://dnb.d-
nb.de/ abrufbar.

Impressum:

Copyright © 2013 GRIN Verlag, Open Publishing GmbH
Druck und Bindung: Books on Demand GmbH, Norderstedt Germany
ISBN: 978-3-668-06133-0

Dieses Buch bei GRIN:

http://www.grin.com/de/e-book/307847/finanzkrise-und-die-demokratie-ein-
ueberblick-ueber-neoliberalismus-liberalismus

Anonym

Finanzkrise und die Demokratie. Ein Überblick über Neoliberalismus, Liberalismus und Postdemokratie zum Wandel der Märkte

GRIN Verlag

GRIN - Your knowledge has value

Der GRIN Verlag publiziert seit 1998 wissenschaftliche Arbeiten von Studenten, Hochschullehrern und anderen Akademikern als eBook und gedrucktes Buch. Die Verlagswebsite www.grin.com ist die ideale Plattform zur Veröffentlichung von Hausarbeiten, Abschlussarbeiten, wissenschaftlichen Aufsätzen, Dissertationen und Fachbüchern.

Besuchen Sie uns im Internet:

http://www.grin.com/

http://www.facebook.com/grincom

http://www.twitter.com/grin_com

Goethe – Universität Frankfurt am Main

Staatsverschuldung und Finanzkrise –

Fachwissenschaftliche Analyse und didaktische Überlegungen zur politischen u.
ökonomischen Bildung

Finanzkrise und die Demokratie

WiSe 12/13

INHALTSVERZEICHNIS

I. Einleitung

Seit nun knapp fünf Jahren kriselt es jetzt schon in der Weltwirtschaft. Ob es die Banken-, Schulden- oder Eurokrise ist, alle samt scheinen die Politik und die Gesellschaft in die Ausweglosigkeit zu drängen. Oft wurde der große Knall, das Ende des Wirtschaftssystems, so wie wir es kennen, prophezeit. Doch die Krise geht einfach weiter. Die Lösungen, so ruckartig wie die Krise selbst. Täglich neue Hiobsbotschaften entgegnet die Politik mit technokratischen Handlungen. Rettungspakete werden geschnürt und alle sollen und müssen sogar den Gürtel enger schnüren. Gibt es tatsächlich keine Alternative hierzu? Sind wir den Gegebenheit dieser modernen und ökonomisierten Gesellschaft ausgeliefert?

Oder ist es eine viel profundere Krise, nämlich die einer Systemkrise, die den modernen Menschen beschäftigt? Hat sich der Kapitalismus selbst abgeschafft?

In Anbetracht der täglich neuen Berichte aus allen Herrenländern scheint es wohl so, als ob diese Krise kein Ende mehr hat. So geht eine ganze Generation in Spanien auf die Strasse, weil sie sich nicht mehr von ihren Politikern vertreten fühlt. Athen ist in Ausnahmezustand. Offene Gewalt gegen die Regierenden herrscht auf den Straßen. Das ganze politische System wackelt. In Frankfurt und New York sind es die Occupy-Aktivisten, die Tausende auf die Strassen locken, um vor den Banken zu demonstrieren.

So manch einer fragt sich sodann, sind Politiker noch Politiker? Setzen Politiker sich überhaupt noch für die Interessen des Volkes ein? Oder sind Sie zu Marionetten der Wirtschaft mutiert?

Doch wie ist dieses unumstößliche System eigentlich entstanden? Und wer hat ein Interesse daran, es immer weiter zu stützen? Leben wir in einer Gesellschaft mit postdemokratischen Zügen?

Bereits Ende der 70-er Jahre prophezeite Foucault die Machtergreifung des neoliberalen Gedankeguts. Dieser Wandel, den er als das immer dominanter werdende ökonomische Denken der Zeit sah[1], trat spätestens nach der Öl- und Wirtschaftskrise der 70-er Jahre ein. Die neoliberale Theorie sollte das alte keynesianische System der Nachkriegszeit absetzen und mehr auf die Selbstregulierungskräfte des Marktes und den Wettbewerb abzielen[2]. Eingriffe Seitens des Staates werden solange toleriert, solange sie marktkonform und

---

[1] Foucault (1979/2004), S. 185 ff.
[2] Vgl. Schmidt (2004), S. 350

notwendig sind[3]. Darin sehen einige Theoretiker der heutigen Zeit den Legitimitätsverlust des Staates und die damit verbundene Politikverdrossenheit der heutigen Zeit. Widersacher dieser Theorie sehen gerade in den Missständen eine positive Entwicklung, die die Massen wieder mehr durch andere Formen der Partizipation drängt.

Die vorliegende Arbeit beschäftigt sich schwerpunktmäßig mit dem Wandel der Märkte seit der Aufgabe der festen Wechselkurse in den 70-er Jahren und dessen Einfluss auf die Politik.

Im ersten Teil der Arbeit wird ein Überblick über den Neoliberalismus verschafft. Darauf basierend werden die Veränderungen auf dem Finanzmarkt näher beleuchtet.

Im zweiten Teil beschäftige ich mich mit dem Demokratieverständnis der heutigen Zeit und dessen Akteure. In diesem Zusammenhang gehe ich auch auf den Begriff der Postdemokratie von Colin Crouch ein.

Am Beispiel der Occupybewegung wird sodann die neue Form der Partizipation der heutigen Zeit kurz erläutert, um sodann ein Resümee für die Arbeit herauszubilden.

II.   Neoliberalismus

Das Wort Neoliberalismus setzt sich aus zwei Wörtern zusammen. Neo und Liberalismus. Neo stammt aus dem Altgriechischen und bedeutet neu. Also ist mit Neoliberalismus wörtlich neuer Liberalismus gemeint[4]. Folglich muss erstmal einmal der Liberalismus näher bestimmt werden, um dann auf die neue Form eingehen zu können.

1. Liberalismus

Der Liberalismus ist aus dem lateinischen Wort *liberalis* abgeleitet, das soviel bedeutet wie die Freiheit. Diese Ideologie entstammt im Wege der Aufklärung des 17./18. Jahrhunderts und der Forderung nach freier Persönlichkeitsentfaltung des Individuums und der Beschränkung der politischen Herrschaft[5]. Die Menschen dieser Zeit waren noch eng verbunden mit der Ständeordnung und der Hierarchie-Ideologie. Dies änderte sich mit der aufkommenden Individualismus der Renaissance und der Frühaufklärung[6]. Mit dem aufstreben des Bürgertums, begann auch der Liberalismus an Bedeutung zu gewinnen. Die

---

[3] Ebd. S. 479-478
[4] Ptak (2008), S. 15
[5] Schuber/Klein (2001), S 179 f.
[6] Karasek/Merbold (2006), S. 108

Aufklärung sah nun den Menschen als vernünftiges Wesen, dem unveräußerliche und unantastbare Rechte zustehen. Das Bürgertum nahm sich diese Rechte an und verlangte im 18 Jahrhundert die Sicherung des Privateigentums. Der Ruf nach dem mündigen Bürger wurde laut, der das Recht auf die freie, geistige und wirtschaftliche Entfaltung hat. Der Staat sollte dort aufhören zu wirken, wo die Freiheit des Individuums anfing. Die staatliche Gewalt muss hiernach die gottgegebenen und unveräußerlichen Rechte des Individuums schützen. Die Errungenschaften des Liberalismus sind unter anderem der Erlass der Bill of Rights in England und USA und vor allem die Erklärung der Menschenrechte während der Französischen Revolution Ende des 18. Jahrhunderts. Auch tritt der Liberalismus insbesondere für die Volkssouveränität, für die Verfassung und die parlamentarische Regierungsform, der Gewaltenteilung und das allgemeine Wahlrecht ein[7].

2. Der neue Liberalismus der Nachkriegszeit

Der Neoliberalismus bezeichnet ursprünglich eine liberale Ideologie der 30-er und 40-er Jahre des 20. Jahrhunderts. Im Zuge der großen Weltwirtschaftskrise wurde der Neoliberalismus als Antwort auf die damaligen Probleme entwickelt. In dieser Zeit herrschte die Auffassung, dass nicht der Markt der Kern der Krise ist, sondern Politikversagen zum Zusammenbruch des Marktes geführt hat[8]. Vor dem Hintergrund des Nationalsozialismus und des Faschismus, dem zweiten Weltkrieges und des Ost-West-Konfliktes wurden an dem altbekannten Liberalismus Erneuerungsversuche unternommen[9]. In Anlehnung zum klassischen Liberalismus, der dem Staat in wirtschaftlichen Fragen eine passive Rolle zugetragen hatte, sprach der Neoliberale dem Staat zwar nicht die Kontrollinstanz, jedoch eine aktivere Rolle zu. Auch hier wurden die Grenzen der Aktivität und der Reichweite der staatlichen Institution begrenzt[10]. Der Staat soll nach dieser Theorie für die Sicherung und Stabilisierung des marktwirtschaftlichen Prozesses beitragen, sich jedoch aus dem Geschehen raushalten[11]. Gerade in den sechziger und siebziger Jahren verlangten die neoliberalen Theoretiker die Korrektur des Marktversagens durch staatliche Eingriffe. Wenn der Markt das eigene Ziel der Selbstregulierung nicht erreicht, dann muss der Staat eingreifen[12]. Die Kritik des Neoliberalen an seinen Vorgänger umfasst die fehlende institutionelle Rahmenbedingung und die

---

[7] Ebd. S. 162 f.
[8] Ptak (2008), S. 18
[9] Nohlen (2011), S. 279
[10] Ptak (2008), S. 15
[11] Ebd. S. 16
[12] Koslowski (1994), S. 196 f.

3

Sicherung der marktwirtschaftlichen Prozesse (Laissez-Fair-Politik)[13]. Kernelement ist demzufolge die langfristige Stabilisierung des Marktes und Verteidigung eines freien Marktes. Im Zentrum steht der Wettbewerb als Freiheit des Einzelnen. Zwar beinhaltet der Neoliberalismus eine Wirtschaft- und Sozialtheorie, setzt jedoch auf den Individualismus. Franz Böhm beschrieb den Wettbewerb als „das genialste Entmachtungsinstrument der Geschichte", in der sowohl die Wirtschaft als auch die Politik sich unterworfen hat[14]. In dieser Theorie ist die Freiheit des Einzelnen nur in einer Wettbewerbssituation anerkannt.

Im Zuge der Globalisierung und mit dem Zusammenschluss der Staatengemeinschaft, standen nicht nur die Individuen sondern auch die Nationalstaaten plötzlich im Wettbewerb miteinander. Die Abschaffung der Zölle im Wirtschaftsraum Europa und die Öffnung des Marktes auf Weltniveau wurden durch neoliberale Umstrukturierungsmaßnahmen politisch vorangetrieben, um im nationalstaatlichen Wettbewerb bestehen zu können[15]. Die sozialstaatlichen und demokratischen Errungenschaften des Wohlfahrtstaates sind dem neoliberalen Modernisierungsversuche geschuldet. Anfang der 80-er Jahre wurden durch liberalkonservative Kräfte die Schwerpunkte des bis dato regierenden keynesianische Systems verlagert[16], weil Standortrisikoängste das Meinungsbild der Bevölkerungen prägte. Mit dieser gesellschaftspolitischen Umstrukturierungsmaßnahmen entmachteten sich die politischen Akteure selbst und legten die Kompetenzmacht in die Hände von sog. Experten. Denn wo früher sie, als die legitimierten Vertreter des Volkes, agierten, traten nun supranationale Akteure, die keineswegs demokratische Züge in sich bargen, auf. Die Politiker weichten nun immer mehr den Sachzwängen der Wirtschaft. Der Staat wurde vom Akteur zur Rezipienten der Europäischen Gesetzgebung.

III.   Postdemokratie

In der heutigen Zeit mehren sich vor allem in der westlichen Welt die Stimmen, die immer wieder die Frage aufwerfen, ob die heutige Krise nicht eine Krise der Demokratie ist und ob das Zeitalter der Postdemokratie einen Wandel der heutigen Zeit darstellt.

---

[13] Ptak (2008), S. 18
[14] Koslowski (1994), S. 223
[15] Lösch (2008), S. 58.
[16] http://www.christophbutterwegge.de/texte/Globalisierung%20und%20Bildung.pdf

4

In der Postdemokratie bestehen alle Institutionen der parlamentarischen Demokratie und sie werden von den Akteuren der Gesellschaft benutzt. Auch die Legitimationsapparate, wie die Wahl, sind intakt, jedoch haben sich die agierenden Kapazitäten in andere Sphären verschoben. Die damit einhergehende Entmachtung der politischen und legitimierenden Akteure nimmt mehr und mehr zu[17]. Die Umsetzung der neoliberalen Politik führte zum „outsourcing" von politischen Entscheidungen auf Interessenverbände, so dass wichtige Entscheidungen außerhalb der traditionellen, demokratischen und nationalstaatlichen Institutionen gefällt werden.

1. Was ist Demokratie im eigentlichen Sinne?

Der Begriff der Demokratie ist aus einer geschichtlichen Perspektive am besten zu verstehen. Daher ist die essentielle Frage nach der Herkunft dessen zu stellen. In der griechischen Antike wurde es geprägt. Der Begriff der Demokratie setzt sich aus den beiden griechischen Begriffen „demos" und „kratein" zusammen. So ist „Demos" mit einem Volk, einer Volksmasse und einer Vollbürgerschaft gleichgesetzt, wobei „kratein" soviel wie herrschen oder auch Machtausübung bedeutet. Die Sinnbedeutung der Demokratie ist also die Herrschaft der Vielen, der Massen, oder der eines Volkes[18]. Nicht außer Acht sollte die Tatsache gelassen werden, dass hier eine Unterscheidung getroffen werden sollte zwischen einer Ethnie und einem Volk: die Demokratie meint in vorderster Linie die Herrschaft eines Volkes, und keiner Ethnie per se.

Im Zuge der US-amerikanischen Gesetzgebung des 19. Jh. bemerkte Abraham Lincoln, dass die Demokratie vom Volke ausgeht, da es für vom Volk und somit für das Volk bestimmt ist[19].

Das Wesen der Demokratie besteht aus einem pluralistischen Konstrukt, welche miteinander verwoben sind. Demnach sind einige Schlüsselaspekte der Demokratie die Souveränität des Volkes, die sich durch Wahlen ausdrückt. Zu den Wahlen gehören das passive und aktive Wahlrecht. Ebenso gehört die Gewaltenteilung - Legislative, Judikative und Exekutive - zu einer der wichtigsten Säulen der Demokratie. Neben der Rechtsstaatlichkeit, die jedem Bürger durch Grundrechte in das rechtliche System eines Staates bindet, kann der Staat auch Wohlfahrtstätigkeiten anbieten bzw. übernehmen. Das Parteiensystem kann auch nicht aus der

---

[17] Mouffe in APuZ 1-2 (2011), S. 3 f.
[18] Voßkuhle in APuZ 62. Jahrgang 12/2012, S. 4
[19] Nohlen (2002), S. 51 f.

Demokratie weg gedacht werden, da es als ein Fundament, die Bürger eines Staates durch Partizipation für eine „gewisse" Politikgestaltung eine Chance oder Plattform bietet[20]. Durch diesen Versuch einer Definition von Demokratie kann die Aussage in den Raum gestellt werden, dass durch solche Charakterzüge der Demokratie der Grad der Toleranz, der Schutz von Minderheitenrechten, Gleichheit vor dem Gesetz, und andere damit verbundene Werte und Normen einhergehen können.

2. Postdemokratie lt. Crouch

Der Brite Colin Coruch vertritt die These einer weitläufigen Krise der Demokratie, die bisweilen ein Stadium erreicht hat, in der sich einige grundlegende Fundamente dessen sich geändert haben. Dabei bemerkt er aus einer historischen Perspektive durch den Zusammenbruch und das Ende des Ostblocks, dass die Demokratie sich als sozusagen universales Herrschaftssystem bewährt hat und die Zukunft der Politik, und die der Wirtschaft, bestimmen wird. Crouch macht die Krise der Demokratie, die er zeitlich und gerade nach den politischen und wirtschaftlichen Umwälzungen als eine Postdemokartie benennt, an der Wirtschaft fest[21]. Die Wirtschaftskrise ist lediglich durch die Intervention von Staaten, also der Politik, mehr oder minder zu bewältigen gewesen. Er argumentiert weiter und geht davon aus, dass die westlichen Demokratien, in denen diese Wirtschaftskrise ausgebrochen ist, einen neuen und vielleicht besseren Stellenwert hätte erreichen müssen, das jedoch ausgeblieben ist. Die Crux der Sache bzw. der Abstinenz einer „Revitalisierung der Demokratie" geht für Crouch mit einer vernachlässigenden politischen Ideologie einher. Dieser „postdemokratischer Zustand" hat für ihn drei wesentliche Charakterzüge:

(1) Für einige sozialen Schichten (insbesondere die Schwächeren) wird es immer schwieriger, ihre Interessen autonom zu definieren und politisch zu vertreten.

(2) Die globalisierten Konzerne bekommen ein immer größeres politisches Gewicht.

(3) Die politische Klasse geht ein immer engeres Bündnis mit den Wirtschaftseliten ein[22].

Das Dilemma besteht im unausgewogenen Verhältnis zwischen Politik und Wirtschaft. Dabei sind große Volksparteien in vielen Demokratien von der Wirtschaft abhängig, da Parteien ihr Budget von privaten Investoren und Großkonzernen beziehen. Dieses Gebaren führt oftmals,

---

[20] Art. 20 GG
[21] Courch (2008), S. 14-18
[22] Crouch in Policy/Politische Akademie(2011), S. 3

wie in den nationalen und internationalen Medien vermeldet wird, zu Skandalen und somit zu Unzulänglichkeiten, um eine freie und unabhängige Politikgestaltung zu führen. International operierende Konzerne, die eine Parteifinanzierung vornehmen, stehen selten zu der Kritik, die ihnen entgegengebracht wird. Falls zivilgesellschaftliche Akteure das Abhängigkeitsverhältnis zwischen Politik und Wirtschaft anprangern, so entziehen sich Vertreter und Verantwortliche des Letzteren jeglicher Verantwortung. In diesem Gefüge fehlt eine Scharnierstelle, um richtige und wichtige Kritik für eine offene, gleiche und faire Gesellschaft anzubringen. Der extreme Anstieg der Interessenverbände der letzten Jahrzehnte stützt Crouchs These, dass Politik in der heutigen Zeit von der Wirtschaft beherrscht wird. Denn die einfache Drohung eines Branchenverlustes genügt, die Politik zum Einlenken zu bewegen. Nun stellt sich die Frage, was die Rolle der Parteien nach demokratischen Grundsätzen sein sollte. Eine Antwort darauf wäre, dass die Parteien durch Wahlen Legitimation erfahren, wonach sie also dem Wählervolk Dienst leisten sollten. Die Kriterien der Parteien für eine „gesunde" und vor allem menschliche Politikgestaltung sollten an gesellschaftlichen Dynamiken angepasst werden und nicht von wirtschaftlichen Akteuren, Konzernen und Unternehmen diktiert werden[23].

Die Bindekraft der Parteien obliegt ihrer Nähe zum Wählervolk. Je weiter eine Partei sich von der Gesellschaft entfernt, können aus einstigen interessierten Bürgern „Politikverdrossene" werden. Aus Wählern, die bei jeder Kommunal-, Landtags-, Bundestags- und Europawahl können uninteressierte Bürger werden, da diese sich nicht ernst genug fühlen und sehen. Letztendlich ist die Prognose Coruchs einer Krise der Wirtschaft, die in Demokratien nun sich in einer beinahe ausweglosen Phase der „Postdemokratie" befinden eine ernstzunehmende Stellungnahme zu mehr Transparenz in der Wirtschaft. Ob in der Politik oder Wirtschaft, Transparenz oder Rechenschaftsberichte sind der geringste Maßnahme, um den Bürger einen moralischen, ethischen und nicht zuletzt menschlichen Wert beizumessen.

---

[23] Crouch in Policy/Politische Akademie(2011), S. 4

IV. Paradigmenwechsel: Partizipation

Wie schon oben erläutert, sollten Politiker und zuständige Institutionen gesellschaftliche Prozesse, die dem Wandel der Zeit unterliegen, mit „Sinnesschärfe" wahrnehmen, und diese Wandlugen in ihre Politikgestaltung umsetzen können.

In diesem Konetext hat sich ein Paradigmenwechsel „on the ground" ergeben. Dabei ist die Partizipation von (interessierten) Bürgern gemeint oder solchen Menschen, die sich nicht von Politikern genug vertreten sehen, wenn es zu essentiellen Entscheidungsfindungen kommt. Diese Menschen gehen aus freien Stücken auf die Straße, bilden in sozialen Netzwerken Gruppen für eine Protestaktion und eröffnen neue Foren und Plattformen, um gerade medial wahrgenommen und somit in der heutigen Informationsflut auch einzufließen. Die Partizipationsmöglichkeiten werden außerhalb der traditionellen Kanäle der Demokratie, wie die Wahlen etc., gesucht[24].

Die Banken- (2007), die Schulden- (2008) und die Eurokrise (2009) haben in den USA die „Occupy-Wallstreet"-Bewegung (2011) hervorgerufen. Die Parole der Protestler war es, „Wir sind die 99%!". Diese Bewegung ist der Ansicht, dass sie die Mehrheit, also nach demokratischem Prinzip, der US-amerikanischen Gesellschaft bilden und somit ein Anrecht auf eine Offenlegung von wirtschaftlichen Missständen sind. Sie haben ihren Einfluss auf die europäischen Protestler ausdehnen können, so dass in vielen europäischen und deutschen Städten eine entsprechende Bewegung sich formieren konnte[25].

Am Beispiel der Stadt Frankfurt am Main hat die Occupy Bewegung sich vor dem Wahrzeichen der Europäischen Zentralbanks niedergelassen. Dort wurden Camps aufgeschlagen, übernachtet, tägliche Diskussionen und Lesungen gehalten, Kontakte zu anderen Schwesterbewegungen aus europäischen und deutschen Städten gepflegt. Dabei entwickelte sich das Camp mehr und mehr zu einer Festung. Die Dauer des Camps betrug ein Jahr. Das lokale, regionale, nationale und internationale Medieninteresse war enorm. Durch verschiedene Aktionen, wie z.B. einmal durch eine Menschenkette das Frankfurter Bankenviertel zu umschließen, verschafften die Initiatoren der Bewegung neue Wege und Maßnahmen für einen Massenprotest. Dies sollte nicht das Ende solcher Aktionen sein. Die Protestaktionen entwickelten und verschärften sich zunehmend in der Hinsicht, um konkrete Schritte für Veränderungen der Politikgestaltung folgen zu lassen: So erwuchs aus der

---

[24] Jörke in APuZ 1-2 (2011), S.14 f.
[25] http://www.faz.net/aktuell/politik/occupy-wall-street-die-protestwelle-erfasst-alle-kontinente-11494116.html

Occupy-Bewegung die spätere „Blockupy" (2012). Die Blockupy hatte als einer ihrer ersten Aktionen das ganze Bankenviertel in Frankfurt buchstäblich zu blockieren[26].

Die Akteure, welche bei den Beiden Bewegungen teilnahmen, die in Frankfurt am Main sich der Öffentlichkeit zeigten, waren aus vielen Schichten der Gesellschaft. Insbesondere der Kern der Bewegungen waren Aktivisten aus der ausgebildeten Mittelschicht.

Letztendlich wurde der Camp von der Polizei, auch wenn einige Kernaktivisten sich noch in der physischen Nähe aufhielten, geräumt. In diesem Jahr (2013) stehen aktuell für die Monate Mai und Juni Proteste gegen die Fiskalpolitik an, die in Frankfurt am Main vom Bürgermeister soweit bekannt, genehmigt wurden. Frankfurt am Main scheint durch die vielen Hauptsitze von Banken als das Zentrum der Proteste von Aktivisten zu dienen.

Diese Art der Partizipation nimmt in den letzten Jahren immer mehr Überhand. Wo die Menschen sich nicht mehr vertreten fühlen, gehen sie auf die Strasse und beteiligen sich auf unkonventionelle Weise an der Demokratie, die sie und ihre Gesellschaft umgibt. Trotz dieser hoch demokratischen Tendenzen, die die Massen auf die Strassen Europas und der Welt bringt, scheint es so, als würde das Interesse an der parlamentarischen Demokratie schwinden. Der Trend der letzten Jahrzehnte zeigt, dass die Wahlbeteiligung immer mehr zurück geht. Nicht nur der quantitative Aspekt des Rückgangs ist besorgniserregend, nein auch scheint es so, dass bestimmte Bevölkerungsgruppen zunehmend mehr aus dem aktiven Geschehen heraus halten. Je geringer die Bildungsabschlüsse der Beteiligten ist, desto geringer die aktive Teilnahme an den rein konventionellen oder auch unkonventionellen Partizipationsmechanismen. Besonders der zu Arbeiter- und Unterschicht gehörende Teil der Bevölkerung resigniert im Hinblick auf die fehlenden politischen Alternativen, die ihre Interessen vertreten würden. Zudem fehlen oftmals die notwendigen Ressourcen, wie zeitliche und emotionale Aspekte oder schlicht und einfach die rhetorischen Fähigkeiten und Sachkenntnisse, so dass eine Beteiligung vor allem der unkonventionellen Formen gänzlich ausbleiben[27]. Dieser Prozess bewirkt die Entfernung der Bevölkerung von einander. Paradoxerweise sind die gegenwärtigen Partizipationsströme zweierlei Tendenzen. Zum einen ein aufblühen lebendiger Demokratie in Form der unkonventionellen Beteiligungsformen. Zum anderen die Begrenzung dieser Beteiligung auf einige Wenige[28]. Diese Ambivalenz ist

---

[26] http://www.faz.net/aktuell/gesellschaft/menschen/occupy-bewegung-wo-sind-die-99-prozent-11925052.html
[27] Jörke in APuZ 1-2 (2011). S. 15
[28] Vgl. Schäfer in ZfVP 4 (2010), S. 131-156

die Quelle der Frustration einer ganzen Generation, denn das Gefühl des Mitentscheidens und der Interessenvertretung seitens der Politik ist geschrumpft und ist spürbar mehr und mehr am abnehmen.

V. Schlussbemerkung

Einiges ist im Wege der Globalisierung mittlerweile wesentlich leichter geworden. Die gute Vernetzung schafft es, dass die Menschen scheinbar näher gerückt sind. Entfernungen z.B. über mehrere tauschen Kilometer sind dank privatisierte Telefon- oder Verkehrsmittelanbieter, die um jeden Kunden kämpfen, so günstig wie nie und so gut wie nie vernetzt. Doch fragt man sich vor allem in den letzten Jahren immer wieder: zu welchem Preis?

Die neoliberale Ideologie hat in den letzten Jahrzehnten immer mehr an Bedeutung gewonnen. Dies geht einher mit vielen Einschnitten und auch großen Veränderung für die Bevölkerungen der Welt. Die damit verbundenen Gefahren eines solchen liberalisierten und außer Kontrolle stehenden Marktes werden in den letzten Jahren immer mehr deutlich. Einschnitte im Sozialsystem sind die Folge. Ob es die Studiengebühren sind, weil anscheinend kein Geld für die Bildung mehr vorhanden ist oder die Praxisgebühr. Alles wird nach und nach nur einer zahlendem Klienten zur Verfügung gestellt. Alle anderen müssen mit erheblichen Schwierigkeiten rechnen.

Und der Mensch wird anhand seiner „Leistungen" bemessen und in die Gesellschaftshirachie eingeordnet. Leistungen sind jedoch nicht jede Art der Einbringung in das System. Im Sinne des neoliberalen Gedankenguts ist Leistung der effektive Nutzen, den der Mensch für die Ökonomie seines Umfelds einbringt. Wird die ökonomische Leistung nicht gebracht, so läuft man Gefahr seine Daseinsberechtigung zu verlieren. Diese zu Ideologie mutierte Theorie hilft der herrschenden Klasse, nämlich den Lobbiesten und privaten Interessenverbände, ihre Machtposition zu festigen und zu erweitern. Und Politiker sind, so hat man das Gefühl, zu Spielgefährten der Wirtschaftler geworden. Sie mischen mit und profitieren davon. Wie sonst ist es zu erklären, dass Dr. Merkel die deutschen Banken ohne jede Absicherung der Rückzahlung Milliarden in die Hände spielt. Genau in dieser Grenzenlosigkeit und Unkontrollierbarkeit der Wirtschaft sehe ich indes die Gefahr, die von diesem Gedankengut und Ideologie herrscht. Der Abbau des Sozialstaates, kollektive Ziele und soziale Gerechtigkeit sind im Neoliberalismus als Störfaktoren der Wirtschaft wahrzunehmen. Die oft so propagierte Freiheit des Neoliberalismus ist lediglich die Freiheit der Marktteilnehmer. Die am Rande stehenden werden durch diese hervorgebracht Ellenbogengesellschaft der ICH-AGs immer mehr an den Rand gedrängt, denn für die Schicht gibt es keine Platz in einer freien auf Wettbewerb basierenden Gesellschaft.

Die Wahlen sorgen für die beste Inszenierung der politischen Klasse, um ihre Legitimation zu begründen, ohne große Wirkung auf die Bevölkerung zu haben. Und die Öffentlichkeit sieht zu, wie der Unmut und die Proteste immer mehr Ausmaß annehmen ohne sichtbaren Erfolg. Die Politik der Parteien ist wenig von einander abzusetzen. Das Volk wird als Störfaktor gesehen, denen die demokratisch legitimierten Vertreter in einer Krisenzeit Rede und Antwort stehen müssten. Doch den Markt haben die Akteure aus der Finanzwelt übernommen und nutzen die Krise für ihre Verdienstmöglichkeiten und den Umbau der neoliberalen Gesellschaft zu forciere. Sie verkünden den Politikern und den Bürgern, sie müssten sparen, da gäbe es keine Alternative.

Das vorhandene Ungleichgewicht zwischen Unternehmerschaft und allen anderen Gruppen lässt ganze Bevölkerungsgruppen resignieren. Man soll den Gürtel enger schnallen und Geld ansparen, denn die Banken müssten immer wieder gerettet werden. So zeigte uns das die Geschichte. So sind heute dieselben Banken wie vor 4 Jahren, die die Hand aufhalten.

Nichts desto trotz sehe ich im Hinblick eine digitalisiert und gut vernetzten Welt eine Chance in den neuen und unkonventionellen Partizipationsformen. Ich gebe allerdings Dirk Jörke recht, dass das Spektrum der Teilnehmenden an dieser Art der Beteiligung erweitert werden kann. Wie Jörke ausführt, fehlt es oftmals an elementaren Ressourcen, um sich einzubringen. Deshalb fehlen, vor allem die bildungsferne Schicht, gänzlich im Geschehen der Proteste und Beteiligungen. Hier sehe ich mich als angehende Lehrerin für die Haupt- und Realschule gefragt.

Als angehende Lehrerin sehe ich die Erziehung zur Mündigkeit fächerübergreifend als eine der wichtigsten Aufgaben, wenn nicht die wichtigste Aufgabe, von Schule als Bildungseinrichtung. In einer immer undurchschaubarer werden Welt, die den Konkurrenzkamp auf den Rücken von den Schwächsten austrägt und wo einige Wenige immer mehr Macht und Reichtum anhäufen und sehr Viele immer weniger haben, müssen wir als Lehrer das Bewusstsein für das Ganze herstellen. Auch Jugendliche und Kinder in jungen Jahren erkennen diese Ungerechtigkeiten und haben ein Bewusstsein für das „Falsche". Der Unterricht soll helfen diese Erkenntnisse artikulieren zu können. Wie kann ein Lehrer noch nicht präzise geäußerte Erkenntnisse und Emotionen ohne Wertung herauszubilden? Dies kann nur der Schüler selbst! Um die Schülerkompetenz, seine eigenen Gedankengänge und Schlussfolgerungen artikulieren zu können, ohne jegliche Indoktrination zu fördern, sollte der Schüler die Möglichkeit bekommen sich frei zu entfalten.

Dies kann meiner Meinung nach am besten im von Moegling vorgeschlagenen Konzept des „selbstständigen Lernens" geschehen. Hier werden dem Schüler keine von außen (Lehrer, schulische Vorgaben etc.) gesetzten Grenzen diktiert, die ihn, möglicherweise entgegen seines momentanen Interesses und der Neugier auf das Erlernte, stoppen.

Ich schließe mich Moegling an, wenn er ausführt, dass der Prozess des selbstständigen Lernens nicht heißen soll, den Schüler sich selbst zu überlassen. Die Selbstständigkeit kann schnell zur Überforderung führen und muss erst mal erlernt werden. Es muss also zunächst darum gehen, die Schüler langsam an selbstständige Arbeitsweisen heranzuführen. Ermöglicht wird dies, indem man Verfahren auswählt, die eine langsame Steigerung der Selbstständigkeit zulassen. Je früher diese Arbeit ansetzt, umso früher haben wir mündige Kinder, die bereits in der Schule ihr Recht auf Selbstbestimmung und Gestaltung ausüben können. Der Lehrer ist der Begleiter und Mentor des Schülers und nicht die machthabenden und –ausführende Person, die sozusagen „das Sagen" hat. Allein schon durch die gleichberechtigte Kommunikation zwischen Lehrer und Schüler, können die verbalen und gedanklichen Kompetenzen der Jugendlichen gebildet werden. Sie werden angeregt ihrer Kreativität und unendliche Neugier freien Lauf zu lassen, um das selbstgesteckte Ziel zu erreichen[29].

Die Mitgestaltung zeigt Ihnen, dass Sie als wichtige und würdige Mitglieder der Institution ernst genommen werden. Dadurch können die von Jörke aufgeführten Defizite und das fehlende Selbstvertrauen bereits in den jungen Jahren gestärkt werden.

Schule muss daher vermehrt die Selbstständigkeit fördern und bereits vorhandene Tendenzen der Schüler aufgreifen und verstärken.

---

[29] Vgl. Moegling (2007), S. 75

12

Litetraturverzeichnis

Crouch, Colin .... Postdemokratie, Frankfurt am Main: Suhrkamp, 2008

Crouch, Colin .... In: Policy Politische Akademie, Heft Nr. 4, 2011

Foucault, Michel .... Geschichte der Gouvernen´mentalität Bd. II. Die Geburt der Biopolitik, Vorlesung am Collége de France 1978-1979, Frankfurt am Main, 1979/2004

Grotz, Florian (Hrsg.) .... Kleines Lexikon der Politik, 5., überarbeitete
Nohlen, Dieter (Hrsg.) und erweiterete Auflage, München: C.H.BECK, 2011

Grundgesetz .... Menschrenchtskonvention, Europäischer Gerichtshof, Bundesverfassungsgerichtsgesetzt, Parteiengestz, Untersuchungsausschussgesetz, EUV – AEUV, EU-GR-Charta, 44. Auflage, Beck-Text, 2013

Karasek, Hellmuth .... Wirtschaft und Gesellschaft. 1000 Fragen und
Merbold, Ulf (Hrsg.) Antworten. Bd. 12, Gütersoh 2006 (4.)

Koslowski, Peter .... Die Ordnung der Wirtschaft. Studien zur Praktischen Philosophie und Politischen Ökonomie, Thübigen: Mohr, 1994

Lösch, Bettina .... Die neoliberale Hegemonie als Gefahr für die Demokratie. In: Butterwege, Lösch, Ptak, Kritik des Neolibealismus, Wiesbaden: VS Verlag für Sozialwissenschaft, 2008

Moegling, Klaus .... Erziehung zur Mündigkeit. In: Lange, Dirkt/Reinhardt, Volker: Basiswissen Politische Bildung, Bd. 1: Konzeptionen Politischer Bildung, Baltmannsweiler 2007

Ptak, Ralf .... Grundlagen des Neoliberalismus. In: Butterwege, Lösch, Ptak, Kritik des Neolibealismus, Wiesbaden: VS Verlag für Sozialwissenschaft, 2008

Schmidt, Manfred G. .... Wörterbuch zur Politik, Stuttgart: Kröner 2004

Internetquelle und Zeitschriften

Jörke, Dirk (2011), Postdemokratie, „Postdemokratie" und die zunehmende Entpolitisierung, in: Aus Politik und Zeitgeschichte, Heft 1-2/2011

Mouffe, Chantal (2011), Postdemokratie, „Postdemokratie" und die zunehmende Entpolitisierung, in: Aus Politik und Zeitgeschichte, Heft 1-2/2011

Schäfer, Armin (2010), Die Folgen sozialer Ungleicheit für die Demokratie in Westeuropa. Onlinepublikation: http://www.mpifg.de/projects/demokratie/downloads/ZfVP%202010.pdf (zuletzt gesichtet am 22.04.2013)

Voßkuhle, Andreas (2012), Schuldenkrise und Demokratie, Über die Demokratie in Europa, in: Aus Politik und Zeitgeschichte, Heft 62. Jahrgang 13/2012

http://www.christophbutterwegge.de/texte/Globalisierung%20und%20Bildung.pdf (zuletzt gesichtet am 23.04.2013)

http://www.bpb.de/politik/wirtschaft/finanzmaerkte/135540/occupy-bewegung (zuletzt gesichtet am 23.04.2013)

http://www.faz.net/aktuell/politik/occupy-wall-street-die-protestwelle-erfasst-alle-kontinente-11494116.html

http://www.faz.net/aktuell/gesellschaft/menschen/occupy-bewegung-wo-sind-die-99-prozent-11925052.html

BEI GRIN MACHT SICH IHR WISSEN BEZAHLT

- Wir veröffentlichen Ihre Hausarbeit,
  Bachelor- und Masterarbeit

- Ihr eigenes eBook und Buch -
  weltweit in allen wichtigen Shops

- Verdienen Sie an jedem Verkauf

Jetzt bei www.GRIN.com hochladen und kostenlos publizieren